L.b 55 15

ÉLECTION DE
LOUIS-NAPOLÉON
BONAPARTE
PRÉSIDENT

DE LA

République Française

ÉLU PAR LE PEUPLE

ET PROCLAMÉ

PAR L'ASSEMBLÉE NATIONALE
LE 20 DÉCEMBRE, 1848.

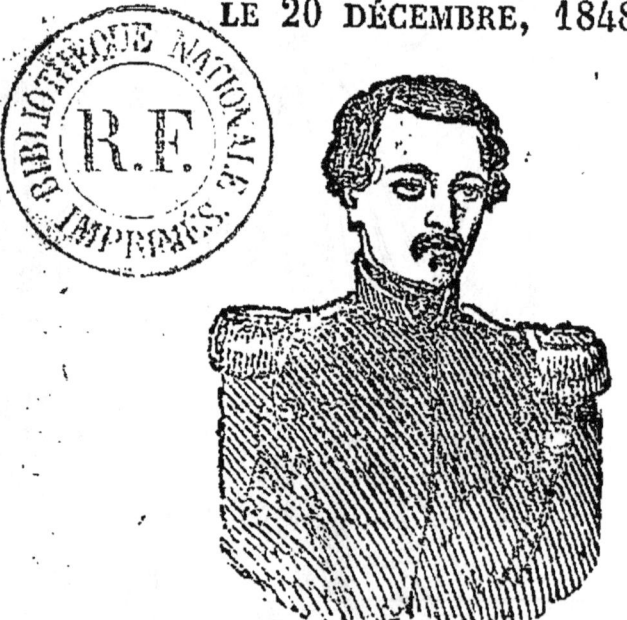

PARIS.
LE BAILLY, LIBRAIRE,
Quai des Augustins, 27.
1849

ÉLECTION
DE
LOUIS-NAPOLÉON BONAPARTE.

C'était en 1808 : les victoires d'Austerlitz, d'Iéna, d'Eylau, de Friedland, et, à leur suite, les traités de Presbourg et de Tilsitt avaient étendu le principe de la révolution française. Le saint empire romain, qui existait depuis Charlemagne, avait été aboli, la confédération du Rhin formée et placée sous le protectorat de l'empereur. Les Etats secondaires de l'Allemagne agrandis, plusieurs érigés en royaume, les souverainetés ecclésiastiques et les souverainetés féodales de la noblesse supprimées en Allemagne, la puissance de l'Autriche réduite par la perte de ses possessions de l'Italie, la Prusse amoindrie, la Russie soumise, l'Angleterre ne trouvant plus d'alliés sur le continent ; toutes ces grandes choses si miraculeusement accomplies mettaient Napoléon au sommet de sa grandeur. Les rayons de sa gloire s'étendaient partout : l'Europe résignée subissait silencieusement les haltes de ce hardi conquérant et les étapes de sa grande armée. C'est dans cette éblouissante époque, le 20 avril 1808, que la reine Hortense donna le jour au prince Louis-Napoléon.

Ce jeune prince fut accueilli comme l'un des héritiers de la fortune politique de l'empereur.

Les hommages de l'Europe et les acclamations du peuple français saluèrent sa naissance. Inscrit sur le registre de famille destiné aux enfants de la dynastie impériale, baptisé, en 1810, à Fontainebleau. Le journal de l'Empire du 10 novembre 1810, s'explique en ces termes : « La nouvelle messe en musique a été exécutée aujourd'hui, etc. La chapelle avait été magnifiquement ornée : un trône avait été élevé où étaient assises leurs majestés; après la messe, la cérémonie des baptêmes a eu lieu.

« S. A. I. CHARLES-LOUIS-NAPOLÉON et les enfants de S. A. le prince de *Neufchatel*, de LL. Exc. le duc *de Montébello*, le duc *de Bellune*, le duc *de Cadore*, le comte *de Cessac*, le duc *de Trévise*, le duc *de Bassano*, le duc *d'Abrantès*, le comte *Dejean*; de MM. le comte *de Beauharnais*, le comte *Rampon*, le comte *Daru*, le comte *Duchâtel*, le comte *Capulli*, le comte *Lauriston*, le comte *Lemarrois*, le comte *Defrance*, le comte *de Turenne*, le comte *de Lagrange*, le comte *Gros*, le baron *Curial*, le baron *Colbert*, le baron *Gobert* et le comte *Becker*, ont été tenus sur les fonts baptismaux par LL. MM. l'empereur et l'impératrice, dans la chapelle du palais de Fontainebleau, et baptisés par S. Em. monseigneur le cardinal *Fesch*, grand-aumonier. »

Louis-Napoléon entra dans la vie sous les auspices de la gloire, sur les degrés d'un trône, avec une double couronne suspendue sur la tête. Son enfance se forma au milieu des exemples les plus patriotiques et des personnages les plus illustres. La reine Hortense avait reçu de la nature une rare puissance d'esprit, une grande vigueur de caractère. Elle tenait de sa mère l'impératrice Joséphine les qualités les plus aimables et les plus douces du cœur, et cette générosité compatissante qui lui faisait rechercher la souffrance pour la soulager. Simple, bonne, affectueuse, la reine Hortense déposa dans le cœur de son fils ces germes précieux qui font l'honnête homme. A cette éducation morale, elle ajouta plus tard l'éducation publique qui fait le bon citoyen. Son père, Louis Bonaparte, bienveillant et facile dans les relations ordinaires de la vie, honnête homme sur le trône comme dans la retraite, a toujours su allier la modération du caractère au courage de ses opinions. Etranger à toute ambition, ferme dans le devoir, ennemi de l'arbitraire autant que de la violence, l'ancien roi de Hollande résista, dans les jours difficiles de sa royauté, à celui qui était son frère et son empereur. Les leçons de sa vertueuse mère, la conduite indépendante et fière de son père, agirent sur ce jeune enfant comme un air pur sur le corps qui se développe. Bientôt, les rudes et douloureuses épreuves de l'adversité allaient achever cette éducation commencée dans les grandeurs et les palais des rois.

Avec les années 1812, 1813, disparurent les prospérités de l'Empire; la victoire lutta au milieu des revers et des défections; mais, fatigué, sans illusion, ayant toute l'Europe contre lui, seul avec son génie, le grand capitaine succomba. Il sortit de la France pour y rentrer bientôt, et recommencer la guerre entre lui et le monde. En ce moment difficile, alors que les intérêts du pays, le sentiment d'un danger commun auraient dû rallier autour de l'empereur toutes les opinions, les choses et les hommes l'abandonnèrent. Les chefs de l'armée étaient divisés ; le parti royaliste s'agitait dans l'intérieur ; le parti national, dont les protestations en faveur de la liberté avaient été pendant quinze ans étouffées, ce parti, que l'histoire absoudra de sa faute en considérant qu'il sut conserver en définitive le dépôt intact et sacré des idées démocratiques écloses au soleil de **89**, ce parti manqua, en **1814**, sous les plus honnêtes et les plus spécieux prétextes, il faut savoir le reconnaître, d'intelligence politique et même, ce qui est pire, d'un véritable sentiment patriotique. Nous comprenons les discordes intestines, les guerres civiles, les partis armés et en lutte, l'équipage révolté et s'entre-égorgeant sur le pont du vaisseau ; mais nous ne comprenons plus la durée des guerres, des discordes, des luttes, lorsque la tempête bat les flancs du navire et menace de l'engloutir. Quand le vent siffle dans les cordages, que la foudre tombe des mâts et les brise, il n'y a plus d'ennemis : tout le monde est matelot. Lafayette et son parti ne comprirent point cette nécessité ; préoccupés de la réalisation de leur idée républicaine, ils voyaient un obstacle dans l'empereur. Ils passèrent en discussion le temps de l'action, et, pendant ce temps, l'ennemi était aux portes de la France, menaçant son indépendance et l'intégrité de son territoire. Le grand homme lutta de nouveau ; de nouveau il fut vaincu.

Le vent de la persécution politique dispersa sur toutes les parties du monde cette illustre famille des Bonaparte, et les entraîna sur les plages les plus lointaines. Louis-Napoléon Bonaparte avait alors sept ans. Comme son cousin, le roi de Rome, il pleura la France ; comme lui, il ne voulait pas en sortir. Emporté par sa mère sur la terre étrangère, éloigné de cet oncle qu'il aimait tant, et qui expirait d'inaction sur une île déserte du grand Océan, il reçut de l'exil les fortes et salutaires impressions qui forment les grands caractères et préparent l'esprit aux secousses imprévues des événements.

La reine Hortense habitait avec son fils au bord du lac de Constance. Pendant les heures de récréation, il jouait avec les enfants du voisinage, et notamment avec le fils du meunier du pont du Rhin. Un jour qu'il s'était laissé entraîner par lui hors de l'enceinte du jardin, on le vit revenir en manches de chemise, marchant les pieds nus dans la boue et dans la neige. Il paraissait un peu embarrassé de son accoutrement, et répondit aux questions qu'on lui fit qu'en jouant auprès de la grille, il avait vu passer une pauvre famille si misérable, que cela faisait peine à voir, et que, n'ayant pas d'argent à leur donner, il avait chaussé l'un des enfants avec ses souliers, revêtu l'autre avec ses habits. Il était alors d'un caractère vif, ardent et impétueux. Ce n'est que plus tard, et depuis la longue série de malheurs et d'épreuves qu'il a subis, qu'il a pris cette attitude grave, sérieuse et méditative que l'on remarque en lui. Il aimait passionnément son frère, qu'il perdit depuis si malheureusement, et était lui-même l'idole de l'impératrice Joséphine. L'empereur l'aimait aussi beaucoup. Comme il ne donnait à sa famille que les heures de repas, il faisait amener ses deux neveux pendant son déjeuner, les interrogeait sur leurs études, et leur faisait réciter des fables, qu'il avait choisies lui-même, et dont il leur expliquait le sens.

La naissance du roi de Rome ne changea rien à la profonde affection qu'il leur portait, et il les revit avec d'autant plus de bonheur, à son retour de l'île d'Elbe, que les souverains alliés contre nous retenaient alors prisonnier le roi de Rome à Vienne. Il les avait à ses côtés dans la touchante cérémonie du champ de Mai, et dans toutes les occasions se plaisait à les montrer au peuple.

La veille de son départ pour Waterloo, l'empereur s'entretenait avec un de ses maréchaux, lorsque Louis-Napoléon, qui avait alors sept ans, entra en sanglotant dans son cabinet, et vint se jeter à genoux devant lui. L'empereur était alors préoccupé des pensées les plus graves.

— Qu'as-tu donc? dit-il d'une voix brève, qui indiquait son impatience d'être ainsi dérangé.

— Ah! répondit l'enfant au milieu de ses pleurs, vous voulez partir pour la guerre. N'y allez pas! n'y allez pas!

— Et pourquoi cela? dit l'empereur, subitement radouci par cette charmante preuve de sollicitude. Ce n'est pas la première fois que je te quitte pour aller à la guerre. N'aie pas peur, je reviendrai bientôt.

— O mon cher oncle! répliqua l'enfant, ces méchants alliés veulent vous tuer! Au moins laissez-moi aller avec vous!

Napoléon le serra avec tendresse dans ses bras, et, voyant des larmes dans les yeux du maréchal :
— Embrassez-le aussi, lui dit-il ; il aura un bon cœur et une belle âme. C'est peut-être l'espoir de ma race.

Peu de jours après, lorsque l'empereur, vaincu, vint pour la dernière fois embrasser ses neveux à la Malmaison, Louis, s'attachant à sa botte, refusait de le quitter, et criait, en pleurant, qu'il voulait aller tirer le canon.

Obligée de fuir la France, la reine Hortense s'établit à Arenenberg, jolie petite maison située sur le bord du lac de Constance, en Suisse. Là elle se dévoua entièrement à l'éducation de son plus jeune fils, l'aîné étant allé rejoindre le roi Louis en Italie.

Louis-Napoléon avait montré, dès son enfance, le goût le plus vif pour la profession des armes ; il se fit admettre au camp de Thoun, réuni chaque année pour l'instruction des officiers de génie et d'artillerie de la Suisse. Il prit part à tous les exercices, le sac sur le dos, la brouette ou le compas à la main, bivouaquant et mangeant avec les soldats le pain de munition. Habile tireur, excellent cavalier, il se faisait remarquer entre tous ; il était infatigable dans les courses sur les glaciers, et traversait souvent à la nage le grand lac de Constance.

Il était au camp de Thoun, lorsqu'il apprit la révolution de juillet. Avec sa nature vive et ardente, son imagination prompte et hardie, le jeune Louis vit dans cette révolution le triomphe définitif des principes inaugurés en 89. Il s'était trop pressé dans cette voie d'espérance. Les événements ne tardèrent pas à le désillusionner; il n'en conserva pas moins ses vertueuses convictions et sa foi dans la cause populaire.

En 1831, la révolution éclata dans la Romagne. Débordant sur cette partie de l'Italie comme la mer soulevée par la tempête, elle menace l'Italie tout entière. Louis-Napoléon et son frère n'hésitent pas, et, n'écoutant que leur impétueux courage et leur haine pour le despotisme autrichien, ils se mettent à la tête des révoltés qui marchaient sur Rome; mais les escadrons autrichiens s'avancent en rangs épais contre les révoltés; ils fléchissent, le découragement pénètre dans leurs rangs, et les deux frères, obligés de battre en retraite, se replient sur Forli. C'est là que l'aîné des deux Napoléon, Charles, succomba, emporté par une inflammation de poitrine. Cette perte inopinée, la défection des révoltés, frappèrent le jeune Louis jusqu'au fond de l'âme.

Partout l'insurrection était vaincue; la persécution s'organisait, les échafauds se dressaient, sa tête était menacée. Malade dans Ancône, traqué par la police autrichienne, Napoléon-Louis se résignait aux vicissitudes de sa fortune, lorsque sa mère, inquiète, effrayée, mais brave et courageuse, prête à tous les sacrifices pour sauver son fils, accourt avec la rapidité de l'éclair, le cache dans Ancône, et puis, traversant avec un déguisement et un passeport anglais toute l'Italie, gardée par les baïonnettes autrichiennes, elle franchit la frontière, et ne s'arrête que lorsqu'elle a déposé son précieux fardeau sur le sol de la France. A peine arrivée à Paris, la reine Hortense reçut ordre de la police de Louis-Philippe de quitter sur-le-champ Paris.

En ce moment, Napoléon-Louis était gravement malade; les fatigues d'un voyage rapide, les tristesses d'une cause perdue, les rêves ardents de son imagination, ne se possédant plus sur cette belle terre de France, avaient prodigieusement affaibli son corps. C'est dans cette dangereuse situation qu'il partit pour Londres, et de là en Suisse. C'était au mois d'août 1831. Louis-Napoléon y reçut une députation secrète que les habitants de Varsovie lui envoyaient pour le prier de se mettre à leur tête. Il refusa d'abord, craignant que son nom ne fût une raison pour le gouvernement français de sacrifier la cause de la Pologne. Cependant il se laissa vaincre par les instances des généraux polonais, qui lui écrivaient la lettre suivante :

« A qui la direction de notre entreprise pour-
« rait-elle être mieux confiée qu'au neveu du plus
« grand capitaine de tous les siècles ? Un jeune
« Bonaparte, apparaissant sur nos plages, le dra-
« peau tricolore à la main, produirait un effet mo-
« ral dont les suites sont incalculables. Allez donc,
« jeune héros, espoir de notre patrie; confiez à
« des flots qui connaîtront votre nom la fortune
« de César, et, ce qui vaut mieux, les destinées de
« la liberté. Vous aurez la reconnaissance de nos
« frères d'armes, et l'admiration de l'univers.

« Le général Kniazewied, le comte Plater, etc. »

Napoléon-Louis s'était encore une fois dérobé à

la tendresse de sa mère, lorsque la chute de Varsovie rendit inutile son dévouement à la cause de la liberté.

Quelque temps après, s'occupant toujours de travaux sérieux, il publia plusieurs ouvrages fort remarquables; entre autres ses *Considérations politiques et militaires sur la Suisse*, et son excellent *Manuel d'artillerie*. Le gouvernement helvétique lui en témoigna sa reconnaissance en lui donnant le titre *honorifique* de citoyen de la Suisse, titre qui n'entraîne pas la naturalisation. Il fut nommé capitaine dans le régiment d'artillerie de Berne.

En 1835, à la mort du duc de Leuchtemberg, le Portugal lui offrit la main et le trône de la reine dona Maria. Il refusa, comme il avait déjà fait, alors que la cause constitutionnelle venait de triompher en Portugal; on avait jeté les yeux sur lui en même temps que sur le duc de Leuchtemberg pour partager la couronne avec la jeune reine. Mais, pour Napoléon-Louis, il n'y a pas de plus beau titre que celui de citoyen français: il préfère l'obscurité la plus modeste, en France, à l'éclat de la plus belle couronne; il ne recherche ni les grandeurs de la fortune, ni les vaniteuses jouissances du pouvoir. Ce qu'il ambitionne, c'est de servir sa patrie *comme citoyen et comme soldat*. Cette ambition, ce désintéressement se reflètent dans ces quelques lignes admirables de patriotisme, et où la simplicité de la forme s'unit à la grandeur du sentiment :

« La belle conduite de mon père, qui abdiqua
« en 1810, parce qu'il ne pouvait allier les in-
« térêts de la France avec ceux de la Hollande,

« n'est pas sortie de mon esprit; mon père m'a
« prouvé, par son grand exemple, combien la pa-
« trie est préférable à un trône étranger. Je sens,
« en effet, qu'habitué dès mon enfance à chérir
« mon pays par-dessus tout, je ne saurais rien
« préférer aux intérêts français. Persuadé que le
« grand nom que je porte ne sera pas toujours un
« titre d'exclusion aux yeux de mes compatriotes,
« puisqu'il leur rappelle quinze années de gloire,
« j'attends avec calme dans un pays hospitalier et
« libre que le peuple rappelle dans son sein ceux
« qu'exilèrent, en 1815, douze cent mille étran-
« gers; cet espoir de servir un jour la France
« comme citoyen et comme soldat fortifie mon
« âme, et vaut à mes yeux tous les trônes du
« monde. »

Telle fut sa réponse à la proposition du Portugal.

En 1836, ému par des agitations qui se multipliaient en France, et entraîné par son courage, par son désir de servir sa patrie, il crut que le moment était venu de renverser un gouvernement qui s'était mis en opposition avec les sentiments démocratiques de la nation. Des hommes de toutes les opinions le confirmaient dans cette pensée. M. de Chateaubriand lui avait écrit :

« *Prince, il n'y a pas de nom qui aille mieux à la gloire de la France que le vôtre.* »

Le général Lafayette lui faisait faire des avances. Armand Carrel avait dit à l'un de ses amis :

« *Les ouvrages de Louis-Napoléon Bonaparte annoncent une bonne tête, un noble caractère; le nom qu'il porte est le plus grand des temps mo-*

dernes; c'est le seul qui puisse exciter fortement les sympathies du peuple français. Si ce jeune homme sait comprendre les nouveaux intérêts de la France, s'il sait oublier ses droits de légitimité impériale pour ne se rappeler que la souveraineté du peuple, il peut être appelé à jouer un grand rôle.

Enfin un grand nombre d'officiers de toutes armes l'avaient fait assurer de leur dévouement.

Il arriva subitement à Strasbourg, et enleva, par le prestige de son nom et de sa parole, le 4ᵉ régiment d'artillerie, caserné dans cette ville. Il allait avoir le même succès auprès du 46ᵉ régiment d'infanterie, lorsque les officiers de ce régiment répandirent le bruit que celui qui se présentait si audacieusement devant eux était un imposteur, et non pas le neveu de Napoléon. Dès lors, sa cause fut perdue. Arrêté, jeté dans la citadelle, conduit à Paris, à la préfecture de police, il apprit de la bouche de M. Delessert qu'il allait être embarqué pour les Etats-Unis. Il protesta énergiquement contre cette mesure exceptionnelle; il réclama le jugement de ses concitoyens assemblés en jury, afin de disculper ceux qui avaient pris part à son entreprise; mais ce fut vainement, et bientôt après il était transporté jusqu'aux plages lointaines du Brésil par la frégate *l'Andromède*, qui le débarqua enfin, après six mois de mer, sur les côtes de l'Amérique du Nord.

Les journaux ministériels prétendirent faussement qu'il s'était engagé à ne point revenir en Europe avant dix années. Le contraire fut démontré depuis, et admis par le procureur général près la Cour des Pairs. Cependant le jeune proscrit voulait profiter de sa présence en Amérique pour étudier le territoire et les mœurs des États-Unis, lorsqu'il apprit que la reine Hortense était dangereusement malade. Aussitôt il s'embarqua à New-York, vint à Londres, et, malgré les obstacles semés sur ses pas par la diplomatie, il trompa la vigilance de toutes les polices, et arriva en Suisse assez à temps pour recevoir les derniers adieux de son excellente mère.

Après cette perte cruelle, il se renferma dans sa demeure d'Arenenberg, résolu d'y vivre solitairement pour donner moins de prise aux attaques de ses ennemis. Mais le gouvernement français, ne voulant point lui permettre de demeurer aussi près de la frontière, demanda son expulsion de la Suisse, et, pour appuyer cette demande, rassembla une armée dans le Jura. La diète helvétique refusa courageusement de s'associer à cette proscription nouvelle ; tout le pays se leva en armes ; mais le noble exilé, ne voulant pas que la Suisse devînt victime de son hospitalité, prit le parti de se retirer en Angleterre.

Dans ce lieu de retraite pour tous les proscrits, Louis-Napoléon se livra de nouveau à l'étude ; parmi les ouvrages qu'il publia à cette époque, nous citerons le livre intitulé : *des Idées napoléoniennes*, qui fit une grande sensation dans le monde politique, et dont le succès fut général.

Cependant le nombre des mécontents augmentait en France. Le ministère du 12 mai avait été conçu par une émeute, il fut étranglé par la dotation Nemours. La coalition qui l'avait tué mit à sa place une administration plus nationale et plus intelligente.

Trois mois après son installation, le nouveau ministère, organe des sentiments du pays, demanda et obtint de l'Angleterre que les restes mortels de l'empereur rentrassent dans la patrie, et reposassent au milieu de ses concitoyens. Le 12 mai 1840, le ministre de l'intérieur présenta à la Chambre des Députés un projet de loi tendant à obtenir un crédit spécial d'un million pour la translation du corps de l'empereur à l'église des Invalides, et pour la construction de son tombeau.

L'exposé des motifs du ministère était remarquable par l'élévation de la pensée et la dignité des sentiments. Il fut accueilli par la Chambre tout entière avec la plus grande sympathie, et l'enthousiasme de l'Assemblée couvrit, par ses bruyants applaudissements, la voix du ministre, lorsque celui-ci prononça ces paroles solennelles que l'histoire a enregistrées : « Il fut empereur et roi, il « fut le souverain légitime de notre pays. »

Voulant se conformer à l'un des derniers vœux de l'empereur, la famille Bonaparte avait chargé le général Bertrand de remettre les armes de Napoléon aux Invalides, pour être déposées sur sa tombe. Cédant à des considérations que le général Bertrand crut louables, il les remit entre les mains du roi. Aussitôt le roi Joseph protesta ; Napoléon-Louis se joignit à son oncle et écrivit la protestation suivante :

« Je m'associe du fond de l'âme à la protesta-
« tion de mon oncle Joseph. Le général Bertrand,
« en remettant les armes de ma famille au roi

« Louis-Philippe, a été la victime d'une déplo-
« rable illusion. L'épée d'Austerlitz ne doit pas
« être dans les mains ennemies; il faut qu'elle
« puisse être encore brandie, au jour du danger,
« pour la gloire de la France. Qu'on nous prive de
« notre patrie, qu'on retienne nos biens, qu'on ne se
« montre généreux qu'envers les morts, nous sa-
« vons souffrir sans nous plaindre, tant que notre
« honneur n'est pas attaqué; mais priver les hé-
« ritiers de l'empereur du seul héritage que le sort
« leur ait laissé, mais donner à un heureux de
« Waterloo les armes du vaincu, c'est trahir les
« devoirs les plus sacrés, c'est forcer les opprimés
« d'aller dire un jour aux oppresseurs : *Rendez-*
« *nous ce que vous nous avez usurpé!* »

La translation des cendres de l'empereur réveil-
lait dans les masses l'amour qu'elles conserveront
toujours pour cet homme merveilleux, et l'héritier
de son nom fut engagé à faire une nouvelle tentative. « Le seul obstacle à vaincre est à Boulogne,
disait-il pendant la traversée aux compagnons de
son entreprise. Une fois cette ville enlevée, notre
succès est certain. De nombreux auxiliaires, des
amis puissants et dévoués nous attendent dans l'intérieur. » Mais la Providence, qui se joue des
combinaisons des hommes, fit encore échouer ses
projets par des circonstances accidentelles. Il devait arriver pendant la nuit à Boulogne, escorté
d'une centaine de ses amis, puis monter dans le
château de la ville où était un arsenal de 15,000
fusils qu'il aurait distribués aux nombreux ou-
vriers du port et de la ville. Il se fût ainsi emparé
facilement de ce point important, et de là aurait

pu, en mettant en réquisition toutes les voitures et tous les chevaux, gagner rapidement les places du nord, où de nombreux régiments l'attendaient. Mais son bâtiment échoua à la pointe de Margate; il manqua de la sorte l'heure de la marée, et ce ne fut qu'en plein jour qu'il entra à Boulogne. En voyant sa petite troupe, on put aisément résister; les portes de la haute ville, où se trouvait l'arsenal, purent être fermées à temps par les autorités, et la fortune condamna une seconde fois son courage.

Lorsque Louis-Napoléon fut extrait du château de Boulogne, où il avait été emprisonné avant d'être conduit à Paris, une scène touchante se passa dans la cour du château. Il y avait été amené, en présence du général, du préfet et des autorités, et allait monter en voiture. Autour de lui régnait un silence solennel, interrompu seulement par les sanglots de quelques amis dévoués, lorsque l'un d'eux, M. de Persigny, son aide-de-camp, s'écria d'une voix forte et vibrante : « Allez, prince, l'ombre de l'empereur vous protége; elle vous conservera pour le bonheur de la France! »

On a qualifié de folie la tentative sur Boulogne aussi bien que l'entreprise de Strasbourg. « Mais, comme l'a écrit récemment un homme connu par son esprit et sa raison, toutes les entreprises de ce genre tentées contre la restauration, sous Louis-Philippe, n'ont été que des jeux d'enfants à côté des deux tentatives de Louis-Napoléon.

« Ce pauvre général Berton, où était son armée? Sur qui et sur quoi comptait-il d'ailleurs? Et qu'était Saumur, qu'était le colonel Pailhés et les amis du *National* à Belfort? Tout cela tenait dans une chambre d'auberge.

« A Strasbourg, au contraire, il y avait quelque chose de considérable, qui a frappé tout le monde dans le temps et que les débats de la Cour d'assises ont surtout mis en relief. Trois régiments d'artillerie dans la place, cent pièces de canon dans l'arsenal, et un colonel disposant de tout cela au service du prince, comme l'on a pu voir. Et à quelques marches de Hagueneau et de Metz, cinquante mille hommes sous la main en huit ou dix jours! L'armée d'Alsace était prête avant l'armée de Paris, et le nom de Napoléon répondait bien à quelque chose dans le pays. L'on en peut mieux juger à présent. Folie de 1836, après tout je le sais bien, mais il y a folie et folie. S'il y a quelque chose d'ailleurs qui, non pas justifie, mais explique ce genre d'entreprises, n'est-ce point la position d'un prince dans l'exil?

« Entouré, provoqué, trompé, que voulez-vous qu'il réponde aux gens qui viennent lui dire chaque jour : « Tel général vous attend, tel régiment est à vous? » Car les courtisans de l'exil n'ont pas toutes les vertus. S'il résiste, n'aura-t-il point l'air d'avoir peur? Sa raison ne passera-t-elle toujours que pour de la prudence? Incessamment pressé par tout ce qu'il y a de plus entraînant pour un homme, pour un prince de 24 ans, ne doit-il pas céder, un jour ou l'autre, à ce que chacun autour de lui appelle l'honneur, le devoir, le sacrifice à la patrie? Qu'on soit juste après tout, l'histoire n'accepte pas plus l'idolâtrie de la loi que le culte de l'insurrection. Assurément le comte d'Artois de plus ou de moins en Vendée n'eût rien changé à la révolution française, et cependant l'histoire a déjà prononcé sur le jeune prince qui refusa de descendre à Quiberon. »

Presque tout ce que nous venons de dire de Strasbourg s'applique à Boulogne, et certes la révolution qui a eu lieu depuis est une suffisante justification de cette entreprise. Si l'entreprise de Boulogne eût réussi, le sang versé par torrent en 1848 eût été épargné. En faut-il dire de plus ?

N'oublions pas d'ailleurs qu'à Strasbourg comme à Boulogne, les proclamations de *Louis-Napoléon Bonaparte* étaient celles-ci :

AU PEUPLE.

« Un congrès national, élu par tous les ci-
« toyens, peut seul avoir le droit de choisir ce qui
« convient à la France....

« Mon nom est un drapeau qui doit vous rap-
« peler de grands souvenirs ; et ce drapeau, vous
« le savez, inflexible devant les partis et l'étran-
« ger, ne s'incline que devant la majesté du
« peuple. »

A Strasbourg, son allocution aux troupes qui l'entouraient, fut en ces termes :

« Soldats, appelé en France par une députation
« des villes et des garnisons de l'Est, et résolu à
« vaincre ou à mourir pour la gloire et la liberté
« du peuple français, c'est à vous, les premiers,
« que j'ai voulu me présenter, parce qu'entre
« vous et moi il existe de grands souvenirs ; c'est
« dans votre régiment que l'empereur Napoléon,
« mon oncle, servit comme capitaine ; c'est avec

« vous qu'il s'est illustré au siége de Toulon, et
« c'est encore votre brave régiment qui lui ouvrit
« les portes de Grenoble au retour de l'île d'Elbe.
« Soldats, de nouvelles destinées vous sont réser-
« vées ; à vous la gloire de commencer une grande
« entreprise ; à vous l'honneur de saluer les
« premiers l'aigle d'Austerlitz et de Wagram. »
Puis, saisissant l'aigle que portait l'un de ses officiers, il ajoute : « Voici le symbole de la gloire
« française destinée désormais à devenir l'em-
« blème de la liberté ; pendant quinze ans il a
« conduit nos pères à la victoire, il a brillé sur
« tous les champs de bataille, il a traversé toutes
« les capitales de l'Europe. Soldats, ralliez-vous
« à ce noble étendard, je le confie à votre hon-
« neur, à votre courage ; marchons ensemble
« contre les traîtres et les oppresseurs de la patrie,
« aux cris de vive la France ! vive la liberté ! »

On sait le résultat du procès que Louis-Napoléon fut obligé de subir devant la Cour des Pairs.
Condamné à un emprisonnement perpétuel, c'est
dans la citadelle de Ham qu'il dut passer les années de sa captivité. Cette forteresse, rebâtie à la
fin du 15e siècle par le connétable de Saint-Pol,
est flanquée de grosses tours rondes, reliées ensemble par un rempart étroit et élevé. Une seule
porte y donne entrée, et deux de ses côtés sont
baignés par le canal Saint-Quentin. Dans le carré
intérieur, formé par les remparts, se trouvent des
baraques pour les soldats, et tout auprès la prison d'Etat, rendue sombre et humide par les hautes
murailles au pied desquelles elle est construite.

C'est là qu'avaient été enfermés les ministres de

Charles X., c'est là que Louis-Napoléon devint l'objet de la surveillance la plus rigoureuse. La garnison, composée d'un bataillon, était fort bien disposée pour lui, et quoiqu'on eût expressément défendu aux soldats de lui rendre les honneurs militaires, il leur arrivait bien souvent de risquer la salle de police pour présenter les armes au neveu de leur empereur ; mais en revanche on avait envoyé de Paris force geôliers de profession, véritables cerbères à figure humaine. Deux d'entre eux restaient toujours au bas de l'escalier qui conduisait à la chambre du prisonnier, et l'accompagnaient constamment lorsqu'il allait respirer sur le coin du rempart qui lui servait de promenade.

Soit que ces précautions parussent rendre impossibles toutes chances d'évasion, soit que le pauvre exilé se trouvât heureux de respirer l'air de la patrie, même entre quatre murailles, soit qu'il attendît les événements, il ne songeait nullement à s'échapper. Il se promenait sur le rempart, ou cultivait les fleurs d'un petit jardin qu'il avait trouvé moyen de créer le long du parapet. Il avait transformé en jardiniers les surveillants attachés à sa personne, déguisant ainsi, par un ingénieux et touchant artifice, l'aspect de ses gardiens, si irritant pour un prisonnier. On se souvient qu'à Sainte-Hélène, son oncle avait renoncé aux promenades à cheval, parce qu'il ne pouvait en faire qu'accompagné par deux officiers anglais. Louis-Napoléon trouvait une grande ressource dans les travaux scientifiques et littéraires auxquels il se livrait avec ardeur. Enfin la journée était encore occupée par quelques visites de voyageurs illustres ou de voisins affectueux, car les habitants de Ham et des environs étaient pleins de dévouement et de respect pour le prisonnier du donjon. Nous avons souvent entendu raconter à un habitant de cette ville, le savant météorologiste Peltier, qu'il allait quelquefois parler d'électricité avec le prince, et qu'il ne savait ce qu'il devait admirer le plus, ou son goût heureux pour les sciences, ou ses attentions pleines de grâce pour les savants.

Pendant son séjour à Ham, Louis-Napoléon fit paraître un livre intitulé : *Fragments historiques : 1688 et 1830*; une brochure *sur la question des sucres*; des réflexions *sur le mode de recrutement de l'armée;* le premier volume d'une *histoire des armes à feu;* enfin une petite brochure sur l'*extinction du paupérisme*. La raison, le savoir, l'amour de l'humanité, se font remarquer dans tous ces ouvrages. Les moyens qu'il propose pour l'extinction de la mendicité nous ont surtout frappé vivement. Entre tous les projets d'amélioration pour les classes pauvres que nous avons lus, c'est celui qui nous semble avoir le plus de mérite pratique et le plus de chance de succès. Il résoudrait du même coup l'immense question du défrichement des communaux et du reboisement des montagnes.

Le temps se passait dans ces occupations, non point assurément sans tristesse, mais du moins sans regrets, lorsqu'à la fin de 1845, le roi Louis, sentant sa fin approcher, fit des démarches auprès du gouvernement français pour obtenir que son fils vînt lui fermer les yeux en Italie. Le conseil des ministres s'y refusa, déclarant ne pouvoir remettre les peines portées par la Chambre des pairs que sur un recours en grâce émané du prisonnier. C'était là une démarche entièrement incompatible avec son honneur, et à laquelle aucune circonstance ne pouvait le déterminer. Cependant, entraîné par ses sentiments d'amour filial, il voulut tenter un effort auprès de Louis-Philippe lui-même. Il demanda l'autorisation d'aller voir encore une fois son vieux père, promettant sur l'honneur de revenir se mettre entre les mains du gouvernement français aussitôt qu'il en serait requis.

Cette demande n'eut point de résultat.

Louis-Napoléon ne se laissa point abattre. Rappelant toute l'énergie de son caractère, il résolut de s'échapper, afin d'accomplir le grand devoir qui l'appelait à Florence.

Tous les journaux d'Europe ont raconté les détails de cette évasion, que nous omettons ici.

Le premier soin de Louis-Napoléon, lorsqu'il se trouva en sûreté, fut d'écrire à l'ambassadeur de France, pour lui dire que son seul désir, en quittant sa prison, avait été de se rendre auprès de son père, et que, renonçant à toute pensée hostile, il priait le gouvernement français d'abréger la captivité de ses amis. Ensuite, il s'occupa de demander des passeports pour se rendre en Italie; mais partout ces passeports lui furent refusés. Le grand-duc Léopold, sollicité par sa famille, déclara qu'il ne lui permettrait pas de passer vingt-quatre heures en Toscane, et le gouvernement belge fit insérer son nom dans la liste des déserteurs que les traités l'obligaient de rendre à la France.

Depuis quelque temps le roi Louis occupait toutes ses pensées du désir de revoir son fils. D'abord, il avait cru obtenir son élargissement du gouvernement français ; mais cet espoir s'était évanoui. Le bruit de son évasion lui avait inspiré une nouvelle confiance ; mais les refus barbares de la diplomatie le jetèrent dans un affreux découragement. Il mourut le 25 juillet 1846, deux mois après la fuite audacieuse de son fils.

Louis-Napoléon vivait paisiblement en Angleterre, d'où la police de Louis-Philippe l'empêchait de sortir, lorsque la révolution de Février éclata. Il partit aussitôt. Arrivé à Boulogne, le paquebot qui l'amenait s'amarra à un autre paquebot prêt à partir pour l'Angleterre, l'héritier des Bonaparte traversa le pont de ce navire sans se douter qu'il contenait le duc de Nemours et presque toute la famille de Louis-Philippe, allant à leur tour chercher un refuge sur le territoire anglais.

On sait qu'arrivé à Paris, et s'étant mis en communication avec les membres du gouvernement provisoire, Louis-Napoléon fut prié par eux de ne point entraver par une complication le développement de la république. Satisfait de voir appliquer enfin le grand principe du vote universel, il consentit à quitter de nouveau la France, afin d'attendre le moment où il pourrait se présenter au suffrage de tous, non plus comme l'héritier du plus puissant empire du monde, mais comme un simple citoyen. Le peuple ne trahit point cette noble confiance, et plusieurs départements le nommèrent représentant. Cependant son nom servait encore de prétexte aux fauteurs de troubles civils ; il envoya sa démission. Une nouvelle nomination provoqua le même témoignage d'abnégation. Est-ce là la conduite d'un ambitieux? Enfin, au mois de septembre, il crut convenable d'accepter les devoirs qui lui étaient imposés pour la troisième fois, et nous l'avons vu s'asseoir modestement parmi les représentants de la nation.

A l'Assemblée nationale, la conduite de Louis-Napoléon Bonaparte s'est montrée empreinte à la fois d'une sage réserve et d'une noble franchise.

« Citoyens représentants, a-t-il dit le jour de son installation, il ne m'est pas permis de garder le silence après les calomnies dont j'ai été l'objet.

« J'ai besoin d'exposer ici hautement, et dès le premier jour où il m'est donné de siéger parmi vous, les vrais sentiments qui m'animent et qui m'ont toujours animé.

« Après trente-trois années de proscription et d'exil, je retrouve ma patrie et tous mes droits de citoyen.

« La République m'a fait ce bonheur, que la République reçoive mon serment de dévouement, et que les généreux compatriotes qui m'ont porté dans cette enceinte soient certains que je m'efforcerai de justifier leurs suffrages en travaillant avec vous au maintien de la tranquillité, ce premier besoin du pays, et au développement des institutions démocratiques que le peuple a le droit de réclamer. »

Un mois après, le 26 octobre, lorsqu'on le désignait de tous côtés comme le futur président de la République, s'étant vu l'objet d'une attaque injustifiable de la part d'un représentant, il monta à la tribune, et s'exprima en ces termes :

« Citoyens représentants, l'incident regrettable qui s'est élevé hier à mon sujet ne me permet pas de me taire.

« Je déplore profondément d'être obligé de parler encore de moi, car il me répugne de voir sans cesse porter devant l'Assemblée des questions personnelles, alors que nous n'avons pas un moment à perdre pour nous occuper des graves intérêts de la patrie.

« Je ne parlerai point de mes sentiments ni de mes opinions; je les ai déjà manifestés devant vous, et jamais personne n'a pu encore douter de ma parole.

« De quoi m'accuse-t-on? D'accepter du sentiment populaire une candidature que je n'ai pas recherchée. Eh bien! oui, je l'accepte cette candidature qui m'honore; je l'accepte parce que trois élections successives et le décret de l'Assemblée nationale contre la proscription de ma famill m'autorisent à croire que la France regarde le nom que je porte comme pouvant servir à la consolidation de la société ébranlée jusque dans ses fondements, à l'affermissement et à la prospérité de la République. Que ceux qui m'accusent d'ambition connaissent peu mon cœur! Si un devoir impérieux ne me retenait pas ici, si la sympathie de mes concitoyens ne me consolait pas de l'animosité de quelques attaques et de l'impétuosité même de quelques défenses, il y a longtemps que j'aurais regretté l'exil.

« On me reproche mon silence! Il n'est donné qu'à peu de personnes d'apporter ici une parole éloquente au service d'idées justes et saines. N'y a-t-il donc qu'un seul moyen de servir mon pays ? Ce qu'il lui faut surtout, ce sont des actes ; ce qu'il lui faut, c'est un gouvernement ferme, intelligent et sage, qui se mette franchement à la tête des idées vraies pour repousser ainsi, mille fois mieux que par les baïonnettes, les théories qui ne sont pas fondées sur l'expérience et la raison. »

Dès le premier jour de son entrée à l'Assemblée nationale, Louis-Napoléon s'est fait inscrire parmi les membres du comité de l'instruction publique. En effet les questions de l'instruction primaire, notamment, ont occupé plusieurs années de sa vie.

« Le curé de campagne, l'instituteur primaire,
« disait-il au comité, *voilà les hommes honnêtes,*
« *laborieux, méritants, dont il faut indispensable-*
« *ment améliorer le sort. Comment voulez-vous*
« *qu'un pauvre prêtre donne son pain ou son habit*
« *s'il n'en a pas ? Dans les campagnes aujourd'hui*
« *les saints Martins sont impossibles faute de man-*
« *teaux. Quant aux instituteurs communaux, pour*
« *qu'ils puissent dispenser les premiers éléments des*
« *connaissances humaines, il faut qu'ils aient l'es-*
« *prit libre, et conséquemment on leur doit une*
« *honnête aisance.* »

Nous donnons ici la lettre de Louis-Napoléon Bonaparte à ses concitoyens.

« Citoyens,

« Pour me rappeler de l'exil, vous m'avez nommé représentant du peuple. A la veille d'élire le premier magistrat de la République, mon nom se présente à vous comme symbole d'ordre et de sécurité.

« Ces témoignages d'une confiance si honorable

s'adressent, je le sais, bien plus à ce nom qu'à moi-même, qui n'ai rien fait encore pour mon pays; mais plus la mémoire de l'empereur me protége et inspire vos suffrages, plus je me sens obligé de vous faire connaître mes sentiments et mes principes. Il ne faut pas qu'il y ait d'équivoque entre vous et moi.

« Je ne suis pas un ambitieux qui rêve tantôt l'empire et la guerre, tantôt l'application de théories subversives. Elevé dans des pays libres à l'école du malheur, je resterai toujours fidèle aux devoirs que m'imposeront vos suffrages et les volontés de l'Assemblée.

« Si j'étais nommé président, je ne reculerais devant aucun danger, devant aucun sacrifice pour défendre la société si audacieusement attaquée; je me dévouerais tout entier, sans arrière-pensée, à l'affermissement d'une république sage par ses lois, honnête par ses intentions, grande et forte par ses actes.

« Je mettrais mon honneur à laisser au bout de quatre ans, à mon successeur, le pouvoir affermi, la liberté intacte, un progrès réel accompli.

« Quel que soit le résultat de l'élection, je m'inclinerai devant la volonté du peuple, et mon concours est acquis d'avance à tout gouvernement juste et ferme, qui rétablisse l'ordre dans les esprits comme dans les choses; qui protége efficacement la religion, la famille, la propriété, bases éternelles de tout état social; qui provoque les réformes possibles, calmes les haines, réconcilie les partis, et permette ainsi à la patrie inquiète de compter sur un lendemain.

« Rétablir l'ordre, c'est ramener la confiance, pourvoir par le crédit à l'insuffisance passagère des ressources, restaurer les finances.

« Protéger la religion et la famille, c'est assurer la liberté des cultes et la liberté de l'enseignement.

« Protéger la propriété, c'est maintenir l'inviolabilité des produits de tous les travaux ; c'est garantir l'indépendance et la sécurité de la possession, fondement indispensable de la liberté civile.

« Quant aux réformes possibles, voici celles qui me paraissent les plus urgentes.

« Admettre toutes les économies qui sans désorganiser les services publics, permettent la diminution des impôts les plus onéreux aux peuples, encourager les entreprises qui, en développant les richesses de l'agriculture, peuvent, en France et en Algérie, donner du travail aux bras inoccupés ; pourvoir à la vieillesse des travailleurs, par des institutions de prévoyance ; introduire dans nos lois industrielles les améliorations qui tendent, non à ruiner le riche au profit du pauvre, mais à fonder le bien-être de chacun sur la prospérité de tous.

« Restreindre dans de justes limites le nombre des emplois qui dépendent du pouvoir, et qui souvent font d'un peuple libre un peuple de solliciteurs.

« Eviter cette tendance funeste qui entraîne l'Etat à exécuter lui-même ce que les particuliers peuvent faire aussi bien et mieux que lui. La centralisation des intérêts et des entreprises est dans la nature du despotisme. La nature de la République repousse le monopole.

« Enfin, préserver la liberté de la presse des

deux excès qui la compromettent toujours : l'arbitraire et sa propre licence.

« Avec la guerre, point de soulagement à nos maux. La paix serait donc le plus cher de mes désirs. La France, lors de sa première révolution, a été guerrière, parce qu'on l'avait forcée de l'être. A l'invasion elle répondit par la conquête. Aujourd'hui qu'elle n'est pas provoquée, elle peut consacrer ses ressources aux améliorations pacifiques, sans renoncer à une politique loyale et résolue. Une grande nation doit se taire, ou ne jamais parler en vain.

« Songer à la dignité natonale, c'est songer à l'armée, dont le patriotisme si noble et si désintéressé a été souvent méconnu. Il faut, tout en maintenant les lois fondamentales qui font la force de notre organisation militaire, alléger et non aggraver le fardeau de la conscription; il faut veiller au présent et à l'avenir non seulement des officiers, mais aussi des sous-officiers et des soldats, et préparer aux hommes qui ont servi longtemps sous les drapeaux une existence assurée.

« La République doit être généreuse et avoir foi dans son avenir ; aussi, moi qui ai connu l'exil et la captivité, j'appelle de tous mes vœux le jour où la patrie pourra sans danger faire cesser toutes les proscriptions et effacer les dernières traces de nos discordes civiles.

« Telles sont, mes chers concitoyens, les idées que j'apporterais dans l'exercice du pouvoir, si vous m'appeliez à la présidence de la République.

« La tâche est difficile, la mission immense, je le sais! Mais je ne désespérerais pas de l'accomplir en conviant à l'œuvre, sans distinction de partis, les hommes que recommandent à l'opinion publique leur haute intelligence et leur probité.

« D'ailleurs, quand on a l'honneur d'être à la tête du peuple français, il y a un moyen infaillible de faire le bien, c'est de le vouloir. »

Louis-Napoléon Bonaparte, le 20 décembre 1848, fut proclamé, au nom du peuple français, président de la République française.

M. Waldeck-Rousseau, rapporteur de la commission électorale, est monté à la tribune, et, d'une voix émue, il a lu un rapport dans lequel il a rendu compte des résultats du scrutin ouvert sur toute la surface de la France pour l'élection du Président.

Le droit électoral a été exercé par 7,326,345 citoyens. Jamais pareille chose ne s'était vue en France. C'est un heureux augure pour l'avenir de notre pays.

Sur ce nombre de votants, M. Louis-Napoléon Bonaparte a obtenu 5,484,226 suffrages; le général Cavaignac, 1,448,107; M. Ledru-Rollin, 370,119. Nous laissons de côté les chiffres inférieurs obtenus par les autres candidats.

Après avoir mis aux voix les conclusions de la commission, qui ont été adoptées à la presque unanimité, moins une trentaine de montagnards, M. le président de l'Assemblée a proclamé Louis-Napoléon Bonaparte président de la République française, en l'invitant à venir à la tribune prêter son serment.

M. Louis Bonaparte a paru alors à la tribune.

Le président de l'Assemblée a prononcé la formule du serment ; le président de la République a dit d'une voix forte : « Je le jure. » Le président de l'Assemblée a pris acte du serment prononcé devant Dieu et devant les hommes, et M. Louis Bonaparte a lu ensuite le discours suivant :

« Citoyens représentants,

« Les suffrages de la nation et le serment que je viens
« de prêter commandent ma conduite future. Mon de-
« voir est tracé ; je le remplirai en homme d'honneur.

« Je verrai des ennemis de la patrie dans tous ceux
« qui tenteraient de changer, par des voies illégales, ce
« que la France entière a établi.

« Entre vous et moi, citoyens Représentants, il né
« saurait y avoir de véritables dissentiments. Nos vo-
« lontés, nos désirs sont les mêmes.

« Je veux, comme vous, rasseoir la société sur ses
« bases, affermir les institutions démocratiques, et re-
« chercher tous les moyens propres à soulager les maux
« de ce peuple généreux et intelligent qui vient de me
« donner un témoignage si éclatant de sa confiance.

« La majorité que j'ai obtenue, non seulement me
« pénètre de reconnaissance, mais elle donnera au gou-
« vernement nouveau la force morale sans laquelle il
« n'y a pas d'autorité.

« Avec la paix et l'ordre, notre pays peut se relever,
« guérir ses plaies, ramener les hommes égarés et calmer
« les passions.

« Animé de cet esprit de conciliation, j'ai appelé
« près de moi des hommes honnêtes, capables et dé-
« voués au pays, assuré que, malgré les diversités d'o-
« rigine politique, ils sont d'accord pour concourir
« avec vous à l'application de la Constitution, au per-
« fectionnement des lois, à la gloire de la République.

« La nouvelle administration, en entrant aux affaires,
« doit remercier celle qui la précède des efforts qu'elle

« a faits pour transmettre le pouvoir intact, pour main-
« tenir la tranquillité publique.

« La conduite de l'honorable général Cavaignac a
« été digne de la loyauté de son caractère et de ce sen-
« timent du devoir qui est la première qualité du chef
« d'un Etat.

« Nous avons, citoyens Représentants, une grande
« mission à remplir, c'est de fonder une République
« dans l'intérêt de tous, et un gouvernement juste,
« ferme, qui soit animé d'un sincère amour du progrès
« sans être réactionnaire ou utopiste.

« Soyons les hommes du pays, non les hommes d'un
« parti, et, Dieu aidant, nous ferons du moins le bien
« si nous ne pouvons faire de grandes choses. »

L'ensemble du discours déplaira probablement à ceux qui ont nommé M. Louis Bonaparte avec une arrière-pensée monarchique, mais il a paru faire un excellent effet sur l'Assemblée.

On a surtout remarqué et applaudi une phrase de cordialité et de bon goût à l'adresse du général Cavaignac ; et, pour compléter l'heureux effet de son discours, en descendant de la tribune, M. Louis Bonaparte s'est dirigé vers le général Cavaignac, et lui a tendu et serré la main aux applaudissements redoublés de l'Assemblée et des tribunes, et aux cris de : *Vive la République !*

M. Louis Bonaparte a quitté ensuite l'Assemblée, reconduit par le bureau à l'Elysée-National, lieu de sa résidence.

Paris. — Imprimerie de Pommeret et Moreau,
quai des Grands-Augustins, 17.

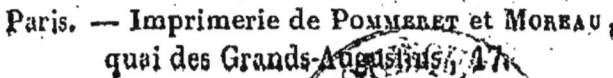

www.ingramcontent.com/pod-product-compliance
Lightning Source LLC
Chambersburg PA
CBHW060712050426
42451CB00010B/1393